Rolf Friedrich Schuett

Sturmvögel lachen über Gipfelstürmer

Gedanken von 2019 bis 2021

Rolf Friedrich Schuett

Sturmvögel lachen über Gipfelstürmer

Gedanken zwischen 2019 und 2021

Books on Demand

Bibliographische Information Der Deutschen Bibliothek:
Die Deutsche Bibliothek verzeichnet diese Publikation
in der Deutschen Nationalbibliographie; detaillierte
bibliographische Daten sind im Internet abrufbar über
http://dnb.ddb.de

Herstellung und Verlag :
BoD – Books on Demand, Norderstedt

Printed in Germany

ISBN 978-3-7543-0922-3

Für Elke
in Liebe und Dankbarkeit

Du kommst aus ohne das, was du nicht hast.
Sonst hättest du es längst.

Alle kommen ins Paradies.
Für die Bösen ist es die Hölle.

Statt *Diktatur des Proletariats* herrscht nun
Diktatur der Arbeit und Diktate.

Glaube ist ohne Vernunft nur Aberglaube,
als reine Vernunft aber kein Glaube.

Volkshochschule. Religion heißt heute reiche Kirche
der Reichen statt arme Kirche der Armen.

Hat Freuds „Unbewusstes" den freien Willen,
den es uns entzieht, oder ist das „ubw" nur das
„falsche Bewusstsein" von treibenden Kräften?

Du bist weder Tier noch Engel. Warum tust du also
Schlechtes mit schlechtem Gewissen
statt guten Gewissens das Gute?

Gib dir deine Gaben und Begabungen selbst!

Wer Zweitfrauen oder Konkubinen braucht,
ist mit einer einzigen Frau schon überfordert.

Wahre Aussagen sind Klarsichtpackungen.
Sieht man ohne sie die Inhalte noch besser?

Der Naturwissenschaftler kommt der Natur
nie näher als ein Geschöpf seinem Schöpfer.

Astrologische Fragen sollte man eher religiös
offenhalten als nur *astronomisch* beantworten.

Demokratie : Von der *Diktatur des Proletariats*
zur Diktatur der Digitalroboter?

Luther schickte die Unterschicht
vom Kloster in die Fabrik.

Der Schöpfer sagte von seinem Sechstagewerk:
„Es ist gut", aber nicht zum Verschlimmbessern
durch euch!

Naturdämonie. Wissenschaft gegen Religionen
macht sich selbst zur alleinigen Religion.

Verhüllt seine irdische Hülle den Schöpfer?

Moderne Theologie nahm nun der säkularen
Religionskritik den Wind aus den Segeln,
indem sie selbst Religionskritik ward.

Nur Leiden oder Leidenschaften
zerren oder locken uns hervor.

Autorität ist nicht vernünftig,
weil sie autoritär ist, doch Vernunft
ist Autorität, weil sie vernünftig ist.

Widerstandskämpfer sind keine Neurotiker,
weil Neurotiker Widerstände haben.

Das Ohr macht weise, das Auge macht froh,
und der sechste Sinn ist nur der Einklang
aller fünf Sinne, die man beisammenhat.

Die verkommensten Gesellschaften
haben die vollkommensten Techniken.

Gute Laune ist die Fratze der guten Beute.

Manche ledigen Frauen verbrauchen die Kräfte,
die andere für Geburten brauchen, für Krankheiten.

Schreib : Gib den Worten Gelegenheit, durch deine
Feder hindurch sich zu verständlichen Gedanken
der Natur zusammenzufügen!

Münchhausen erschafft sich nun die Fähigkeit,
seine eigenen Fähigkeiten zu erschaffen:
das Vermögen, sein Vermögen zu machen.

Gib anderen Gelegenheit, dir zu helfen.
Das hilft ihnen.

Die monotheistische Revolte der Armen
gegen die Reichen wird nun bekämpft als
terroristische Revolte gegen die Demokratie.

Erinnerung ist vergessene Einbildung,
Phantasie ist vergessenes Gedächtnis.

Dialektik oder Dilemma : Wäre Christus
aber nicht längst vergessen, wenn die Kirche
ihn nicht zwei Jahrtausende lang missdeutet hätte?

Das Einzige, was uns interessiert, der Einzelne,
ist auch das Einzige, was unerkennbar ist.

Die meiste Mühe macht eine,
der man sie nicht ansehen soll.

Heute blamiert man lieber Normen vor Normalos
als die Normalverbraucher vor den Normen.

Dass es eine bezwingende Logik gibt,
ist nicht logisch zwingend.

Ist es der Geist, der sich auch den Kopf baut?

Aufstand durch Auferstehung:
Mehr leben durch mehr als leben.

Fleiß und Schweiß: Heldentum der Angsthasen.

Homeoffice ist der kürzeste Pendlerweg
zwischen Hausarbeit und Heimarbeit.

Nur ein Esel will lieber kein Eseltreiber sein.

Je weniger mehr zu sagen,
desto altersgeschwätziger!

Der Umbruch ihres Buches ist Autoren ebenso
wichtig wie ein Umbruch der Gesellschaft.

Wer kann so viel arbeiten, dass fortan
nur noch sein Lohngeld für ihn arbeitet?

Frühling ist, wenn an Fenstern
die Eisblumen welken.

Der Tor ist das Tor zum Himmel
statt ein Fabriktor.

Sollst du dich liebend mit deinem Schöpfer
vereinigen oder besser Sein Gesetz erfüllen?

Alles war in dir, du bist nun in allem – in mir.
Alles ist in mir, ich bin in allem – in Dir, HErr.

Weil man dort krank wird, heißt Krankenhaus
nicht Heil- oder Gesundhaus.

„Freiheit eines Christenmenschen", laientheologisch
der eigenen Lesart von Jesu Lesart des alttestamen-
tarischen Gottesgesetzes zu folgen?

Warum scheint man in steter Gegenwart
gefährdeter Menschen weniger gefährdet?

Wird dein Tod weniger schrecklich sein
als die Zukunft der Welt?

Sein Kreuz auf sich nehmen: Aus der Not
seine Tugend und ewige Jugend machen?

„Es ist gut." Natur als Schöpfung ist
eher Fertigprodukt als Fertigungsmaterial.

Kann das Schlagen eines Schmetterlingsflügels
Katastrophen auslösen an fernsten Orten im All,
könnte auch ein kleiner Aphorismus ganze geistige
und gesellschaftliche Systeme verändern.

Es gibt Rechte und nie Gerechtigkeit, Identität
und nie Gleichheit, Tatsachen und nie Wahrheit,
Freiheiten und selten Unabhängigkeit.

Um streiten zu können, muss es Regeln geben,
um die erst geregelt gestritten werden muss,
und läuft Demokratie nach Prinzipien ab,
die erst demokratisch zu erstreiten sind?

Ist nur Tolerantes zu tolerieren?

Herrscht heute ein Imperialismus
anti-imperialistischer Grundsätze?

Philosophie, der nichts mehr heilig,
ist nichts als Technik und Industrie.

Wer jeden Tanzbären gleich auswildert,
erweist sich und ihm einen Bärendienst.

Beweise kommen für Weisheit zu spät.

Wer mehr wahrnimmt,
wird oft weniger wahrgenommen.

Vergiss nicht, dass du alles vergisst,
und vergiss, dass dein Leib gar nichts vergisst!

Mehr als die Summe seiner Sprüche ist der
Aphoristiker nur, solange er neue machen kann.

Schöpferisch macht dich, was dich erschöpft:
Der Könner schafft nur, was ihn schafft.

Wer sich kennt, wird nichts mehr.

Auch die Geschmacklosigkeiten
sind verschieden.

E-Kunst lacht über Leute,
die U-Kunst zum Lachen bringt.

Auch Armut sei ein Verfassungsbruch.

Junges wie Altes sind nichts Neues,
und ohne Vergänglichkeit gäb's nur Veraltetes.

Empörung gegen sie schmückt die böse Welt.

Wer sich in mir sieht, sieht mich richtig.

Die Wahrheit siegt am Ende, wie Pyrrhus.

Tiefstes, Höchstes und Plattestes
haben gemeinsame Grenzen.

Wo was los ist, bin ich erlöst und mich los.

Ist Sex für Geld liebenswerter als Geld für Sex?

Wofür bin ich da, wenn nichts da ist für mich?

Glaube ist ohne Vernunft nur Aberglaube,
als reine Vernunft aber kein Glaube.

Du siehst kein Jetzt, doch wirst sehen, was war.

Wer die Normen achtet, verletzt die Normalität.

Ich denk mir mein Teil, aber will das Ganze.

Man ist heute lieber spirituell und esoterisch
als geistreich und geistlich.

Könner glauben an Eingebung,
Dilettanten an ihre Begabung.

Der freie Markt verwünscht unglücklicherweise
das wunschlose Glück.

Ein Bonmot verändert die Welt
besser als eine Bibliothek.

Dass alles immer schöner und besser wird,
wird immer schlimmer.

Für die Welt sind Schriftsteller heute eher
bessere Schausteller als beste Zuschauer.

Logische Formen sind stets modern,
weibliche vermodern modisch.

Sprache ist lieber widerspruchsfrei,
als Widersachern zu widersprechen.

Menschliche Schwächen sind deine Stärke,
du hast eine Schwäche für Vermögen.

Es gilt als größte Tragik, jeder zu entgehen.

Jedes Buch enthält ein Kapitel mit Rezension
seiner einstigen Rezensionen.

Lieber ein Diener des größten Ganzen
als sein eigener Herr über kleinste Parzellen?

Entschädigt volles Herz, voller Hals und Mund
und volle Tasche für leeren Kopf?

Nicht Unglaubwürdiges vertreibt aus Kirchen.

Braucht De(kon)struktives eine *konstruktive Kritik*?

Man glaubt und hofft gemeinsam,
man zweifelt und verzweifelt einsam.

Lebendig Geliebte lieben das Leben.

Geschichtsschreibung heißt auch,
das Ungeschehene ungeschehen zu machen.

Du stehst wirtschaftlich besser als dein Knecht
und moralisch besser als dein Herr.

Du entkommst und entgehst dir leichter als uns.

Du stellst dich dem einen
und dir die anderen vor.

Wer nicht arbeitet, soll auch niemanden
mal zum Fressen lieb und gernhaben.

Starke werden gefördert, Schwache gefordert
und Halbstarke aufgefordert zu überfordern.

Wer jede Überzeugung tolerieren soll,
braucht keine eigene.

Der Leithammel gehört und entflieht der Herde
so wenig wie der Weltmeister seiner Disziplin.

Lust sucht andere Lust, Leid nur sein Ende.
Heroismus sucht die Macht, und Hedonismus
bleibt der Ohnmacht.

Leider kann man sich gegen Leid nicht
abstumpfen ohne auch gegen Lust.

Wo Maschinen mehr (weniger) erzeugen,
da zeugen Menschen weniger (mehr).

Wer nur in der Vergangenheit lebt, wird nicht
wieder jung, sondern nimmt den Tod vorweg.

Jeder ist von Natur ein Nach- und Fallensteller,
doch von Kultur ein Schrift- und Fragensteller.

Meine Identität liegt in diversen Differenzen
zu und mit anderen Identitäten.

Man kann alles begründen,
doch sich nur behaupten.

Recht braucht Gefängnis, Moral aber Gewissen.

Freiheit erfährt nichts, Bindung erlöst nicht.

Jeder dreht sich wie die Erde um sich selbst.

Ungenaues Wort trifft die Welt genau,
exakte Sprache nur die ungefähre Sache.

Ein Irrgarten von Büchern
will aus dem Chaos der Welt führen.

Trotz der Natur dein Überleben ab
und der Kultur deine überlegene Überlegung!

Wer so viele geistige wie leibliche Kinder will,
bleibt steril.

Geist braucht man nur *gegen* seine Zeit,
Zeit aber *für* seinen Geist.

Darf Kultur nie mit Norm und Moral quälen,
muss Natur stets mit Flut und Hunger quälen.

Wirklichkeit muss gut sein vor schlimmeren
und schlecht sein vor besseren Möglichkeiten.

Wer Moral mehr missachtet als Gemeinschaft,
wirkt heute moralischer.

Wer von Hochkultur nicht gequält wird,
wird von Rabenmutter Natur gefressen?

Moral gilt ewig, Amoral gibt's ewig.

Autonomie : Ich will, was ich soll.
Repression : Ich muss, was ich möchte.

Die Zehn Gebote kann jeder leichter erfüllen
als sich die Wünsche auf tausend Angebote.

Reisen bildet – sich Bildung ein,

Hundert Angebote erzeugen tausend Wünsche,
zehn Nachfragen aber nur ein teures Angebot.

Verallgemeinerung wie Differenzierung kommt
voreilig oder nie.

Darfst du über die ganze Wahrheit urteilen,
ist sie dir unterworfen.

Was du Dienliches bekommst, vergeht verdient.

Sucht die Natur im *Unbewussten* menschliches
Selbstbewusstsein rückgängig zu machen?

Alles in der Natur ist vergänglich.
Unsere Natur ist es, das zu beschleunigen,
um selber langsamer zu vergehen.

Aller Überfluss fließt ins Überflüssige,
aber liest man zweimal denselben Heraklit?

Wähnt Wahrheit nur,
dass es nicht nur Wahn gibt?

Entscheide dich für mehr
als eine Entscheidungstheorie!

Tabu gilt schon als Verstoß gegen seinen Bruch.

Man fordert Gleichheit ohne Vergleich.

Nichts ist moralischer, als hohe Moral zu haben.

Verkauf dein Urteil, nicht deine Urteilskraft!

Nur als Sklave deines Herrgotts
würdest du deiner Herren Herr.

Schuldlos schuldig? Wer verantwortet,
dass Ursachen für Wirkungen verantwortlich sind?

Zu viel Selbstsicherheit macht so gewalttätig
wie zu wenig.

Vergängliches Leben ist schön, weil Menschen,
die sich vergehen, nicht vergehen wie Unkraut.

Kommt ein Geistreicher eher durchs Nadelöhr
als ein reiches Kamel in die Hölle?

Bürgerkunst adelte Bauer, Hirt und Arbeiter,
aber nie Intellektuelle und Stubengelehrte.

Vor hoher Geschicklichkeit ist Schicksal tief.

Goliath ist nicht ins Schleudern zu bringen
durch den Stein der Weisen,
der oft vom Herzen auf die Füße fällt.

Sehnsucht und Hoffnung beginnen,
wo die Wünsche erfüllt sind.

Man lässt Vorurteile hinter sich wie Rivalen.

Fremdgehen wurde willkommener als Fremde.

Ist man schuldig an seiner Unschuld
oder wird zufällig schuldig?

Konventionen des Kosmos
sind Naturgesetze der Kultur.

Schreckliche Vereinfachung heißt heute
„sinnstiftende Komplexitätsreduktion".

Man verliert sich in Details
oder im allgemeinen Ungefähr.

Widerlegt höhere Moral bessere Argumente?

Wo das Verdienst fehlt, herrscht der Verdienst.

Mächtiger Wissensdurst befreit
von Freiheitsdurst besser als Machthunger.

Redliches Handeln weist bloßes Reden von der
Hand, behandelt aber Handarbeit wie Dreck.

Warnung vor Verallgemeinerungen
fordert fast zu Gesetzesbrüchen auf.

Deine Vergangenheit ist deine gute alte Zeit,
weil sie am weitesten weg ist von deinem Tod.

Subjektive Tatsachen sind mehr
als objektive Meinungen.

Außergewöhnliches kommt aus Gewohnheiten.

Du träumst von ewiger Liebe,
die etwas Ewiges in dir (an)erkennt.

Wahres Wort passt sich der Welt an
wie der Gedanke dem Gefühl, der Begriff
dem Ur- und Vorbild wie der Vorteil
und das UrTeil dem großen Ganzen.

In der Logik vertreten notwendige Widersprüche
den Widerstand von Wirklichkeit.

Als *Frau Welt* und *Mutter Natur*
wird Realität etwas erträglicher.

Wenn schon „Neuronen feuern",
müssen Kanonen klug sein.

Nieder mit der Ungleichheit
von Schwarz und Weiß und Wahr und Falsch!

Geglücktes Leben : Freiwillig ins Unglück
gerannt statt zum Glück gezwungen.

Couch kuriert Kranke, Beichte behandelt Böse.

Alles verknöchert, verdunstet oder wird überflüssig.
Man suche neue Aggregatzustände.

Kulturkapital und Geistesarbeit. Dichten
und Denken schaffen oft rigidere Klassen-
gesellschaften als Kapital und Arbeit.

In der Logik gibt es friedliche Befriedigung
für die meisten um den Preis der Langeweile.

Niemand lebt, weil er´s so wollte,
sonst hätte er´s längst über.

Man presst alle(s) in Schubladen,
um in keine gepresst zu werden.

Wer gern ins ewige All aufgeht oder in allem
Ewigen, ist schon vor Todesangst gestorben.

Höheres kann mehr niederziehen,
als Tiefes uns erheben.

Wie ich selbst sollst du sein wollen, nicht sein.

Spar dir deine Gedanken (zusammen)!

Der Einzelne auf Erden ist das einzige Ebenbild
des Einen im Himmel.

Du trittst ins Leben. Es tritt dich hinein.

Alter stöhnt im Bett wie Jugend.

Will die Oberschicht zum Unterbewusstsein,
erobere die Unterschicht die Hochkultur.

„Mu" sagt der Zen-Meister,
und seine blöde Kuh versteht „nichts".

Man hält sich für wichtiger als einander.

Zwischen Kopfgeburten und Hirntod
verläuft das Geistesleben.

Künstler sind unterirdische Akrobaten
und spinnen die innere Leere zu.

Zum Himmel stinkt der Müll, dein Herr erstickt
im Müll, wenn dein schwacher Arm es will!

Ich kam zur Welt und nicht zur Umwelt,
ich kam zu Wort, doch nie zu Ohren,
ich kam zu nichts (als zu Geld).

Die Schuldenuhr der Gesellschaft verdeckt
die Schulduhren ihrer Mitglieder.

Wer meditiert, denkt sich aus dem Nachdenken
heraus, um es zu umgehen.
.

Lieber kurz handeln als zu lange im Handel!

Tradition war die Jugend,
Veralten ist die Zukunft.

Hängt der Unabhängige am Galgenstrick
oder seidenen Faden?

Jeder Satz übers Leben ist ein Satz
übers Leben hinaus und hinweg.

Eine Ameise mit Bienenfleiß hat eine Meise.

Realisten werden bestraft
durch Fiaskos von Idealisten.

Nur Sklavenhalter sprechen Abtreiber frei.

Rede mir nie ins Gewissen,
wenn du ein schlechtes hast!

Naturreservate vernichten, was sie retten
wollen, durch die Art, es ein letztes Mal
vorm Ende zu genießen und zu erforschen.

Zur Vollkommenheit von Platons Ideen
gehört es, dass sie nicht existieren.

Was für den Willen nur kaltes Licht,
ist für das Wissen dunkle Wärme.

Ist Dienst an der Gemeinschaft ein Dienst
am Egoismus aller Mitglieder?

Sadisten tun Masochisten nicht den Gefallen,
sie zu quälen, diese jenen nicht den Gefallen,
unter ihnen zu leiden.

Ubw"? „Erkenne dich selbst", also auch die Leute,
die seit der Kindheit in dir weiterleben.

Ist nur Tolerantes zu tolerieren?

Vorstellungen sind uns das, was ist,
Dinge an sich sind das, was sein soll.

Einst war der Zensor der einzige Leser,
nun ist der Leser der einzige Zensor.

Die Wahrheit siegt am Ende, wie Pyrrhus.

Ist Sex für Geld liebenswerter als Geld für Sex?

Man ist heute lieber spirituell und esoterisch
als geistreich und geistlich.

Könner glauben an Eingebung,
Dilettanten an ihre Begabung.

Der freie Markt verwünscht unglücklicherweise
das wunschlose Glück.

Dass alles immer schöner und besser wird,
wird immer schlimmer.

Wer die Normen achtet, verletzt die Normalität.

Wäre ein Kant der apriorischen
Transzendentalgefühle zu emotional?

Wer jede Überzeugung tolerieren soll,
braucht keine eigene.

Leider kann man sich gegen Leid
nicht abstumpfen ohne auch gegen Lust.

Wer nur in der Vergangenheit lebt, wird nicht
wieder jung, sondern nimmt den Tod vorweg.

Autonomie : Ich will, was ich soll.
Repression : Ich muss, was ich möchte.

Sucht die Natur im *Unbewussten* menschliches
Selbstbewusstsein rückgängig zu machen?

Alles in der Natur ist vergänglich.
Unsere Natur ist es, das zu beschleunigen,
um selber langsamer zu vergehen.

Tabu gilt schon als Verstoß gegen seinen Bruch.

Man fordert Gleichheit ohne Vergleich.

Nichts ist moralischer, als hohe Moral zu haben.

Nur der Gottesknecht wird seiner Herren Herr.

Sehnsucht und Hoffnung beginnen,
wo die Wünsche erfüllt sind.

Fremdgehen wurde willkommener als Fremde.

Wo das Verdienst fehlt, herrscht der Verdienst.

Warnung vor Verallgemeinerungen
fordert fast zu Gesetzesbrüchen auf.

Deine Vergangenheit ist deine gute alte Zeit,
weil sie am weitesten weg ist von deinem Tod.

Die Mühen der Ebene entstehen praktisch nur,
wenn Berge in Täler geworfen sind und das,
was uns zu hoch ist, Abgründe füllt.

Subjektive Tatsachen sind etwas mehr
als objektive Meinungen.

Als *Frau Welt* und *Mutter Natur*
wird Realität etwas erträglicher.

Höchstes Prestige genießt seine Verachtung.

Nieder mit der Ungleichheit
von Schwarz und Weiß und Wahr und Falsch!

Lieber freiwillig ins Unglück
als zum Glück gezwungen?

Couch kuriert Kranke, Beichte behandelt Böse.

Niemand lebt, weil er´s so wollte,
sonst hätte er´s längst über.

Man presst alle(s) in Schubladen,
um in keine gepresst zu werden.

Zwingt mich nicht, mich nicht zu bezwingen!

Wie ich selbst sollst du sein wollen, nicht sein.

Höheres kann mehr niederziehen,
als Tiefes uns erheben.

Respekt vorm Knecht respektiert
nur dessen herr'liches Knechtsein.

Respektiere dich selbst,
doch nur deinen Respekt vor mir!

Wer uns hilfsbedürftig macht,
will uns nur hilfsbereiter machen.

Ein Unmensch kann kein Gott sein,
doch ein Gott ein Mensch werden.

Jeder kontrolliert jeden, außer sich selbst.

Ich kenne keine Klassen und Parteien mehr,
nur noch arme Umweltopfer.

Lobst du mich, lob ich dich − *wird nicht gelobt.*

Du erweist mehr Respekt meist dem,
der ihn dir zollt, als dem, der ihn verdient.

Macht : Respekteinflößender
wirken Respektgebietende.

Der beste Schadstofffilter für PKW behandelt
den PKW selbst als Schadstoff.

Erwachsen werden heißt, billige Zweiradroller
durch teure Vierradroller zu ersetzen.

Steckt nackte Wahrheit nackt
in ihren Verschleierungen?

Das Leben ist kurz, ein lebenslanges
oder lebenslängliches Warten darauf.

Ich bin einer, der so heißt wie ich.

Als Kostbarstes gilt, was nur ein einziger Mensch
herstellen kann. Als Wertlosestes gilt,
was nur ein einziger Gott erschaffen kann.

Groß ist, wer größere Probleme damit schuf,
dass er sie löste.

Wer hierzulande Sozialrevolutionen will,
muss nur Fußballspiel und PKW verbieten.

Selbstironie ist oft nur ironisch
gemeinte Selbstkritik.

Sozialgerecht : Sozial gerecht?

Leben ist untoter Wechsel von o.k. und k.o.

Zur Horizonterweiterung genügt Distanzierung.

Wirbt man lieber mit Waren *um* Frauen
oder mit Frauen *für* Waren?

Freiheit tanzt auf Grenzlinien
zwischen Diktaturen.

Hedonismus now : Heroismus der Körnerfresser.

Nennt ein Esel sich Esel, ist er edel.
Nenn ich ihn Esel, bin ich ein Ekel.

Mein Herz geht mir durch den Kopf – hindurch.

Das einzige Buch des Schöpfers ist allgemein-
verständlicher als seine Schöpfung und Er selbst.

Ist die Hoffnung, dass die Welt mal verbessert wird,
begründeter als die Existenz Gottes?

Europa ist ein einziges wissenschaftlich
zurechtgestutztes Plagiat aller Kulturen der Welt.

Der (Um-)Weltuntergang würde auch nicht viel
ändern an unserem Leben.

Was es gibt, steht nur im Weg.

Der Kosmos ist für Chaoten das Chaos.

Gedankenketten schmücken die Denker
und fesseln die Lenker.

Welcher Geistesadel hat noch Brille,
Buch oder Eule im Wappen?

Man hält sein Leben immer länger für zu kurz.

Ruhekissen haben keine Lorbeerfüllung.

Gäbe es Familien, wenn Verliebte zehn Jahre
bräuchten, um sich kennenzulernen?

Beschneiden ist kein Abschneiden,
doch sind Unbeschnittene schon abgenabelt?

Das Leben sollte da anfangen,
wo der *Kampf ums Dasein* aufhört.

Todesangst fürchtet,
sie bald niemals mehr fürchten zu können.

Ist es nur Konstruktion,
dass alles nur ein Konstrukt ist?

Transparenz : Verhülltheit von Verborgenheit.

Man schämt sich eines fehlenden Fingers
mehr als aller Verfehlungen und Befehle.

Liebe ist die Einheitssoße, die über jeden
Teufelsbraten gegossen wird, um ihn unsichtbar
und schmackhaft zu machen.

Kunst, die nie geraubt wurde, ist nicht viel wert.

Oben bin ich ein Teufel, unten sein Opfer.

Freiheitsdrang will sich nur
einem anderen Ideal unterwerfen dürfen.

Ein großes Werk ist die Summe
aller Hohlköpfe, durch die es hindurchmuss.

Ich liebe in mir das Böse, das ich dir zu tun hasse,
und liebe in dir das Gute, das ich dir zu tun liebte.

Der Mensch ist ein Laienspieler,
der ohne Probenzeit Theater spielen muss.
Zum Glück besteht das Premierenpublikum selber
nur aus Laienspielern.

Stalins Feinde werfen ihm nicht die *Gulags* vor,
sondern sie gegen die Falschen gebaut zu haben

Die Speicherkapazität der Mikrochips schreitet
voran : Bald ist das All im Nichts enthalten.

Demut ist, wenn der Berg zum Tal hinaufsieht.

Krieg und Frieden sind Hauptziele füreinander.

Wissenschaftliche Kult der Tatsachen
ist unbewusste Kultur der Untaten.

Nur Hochkultur bohrt tief genug,
nur Tiefgründiges ist uns zu hoch.

Nur durch Unbekanntes lernt man alles kennen.

Wer Geist und Gutes hasst, liebt die Menschen.

Kunst wurde die Kunst, gut zu verkaufen,
was keine ist.

Todesangst flieht gern in zeitlose Logik.

Der Hohlkopf ist die Trommel für Pauker.

Jeder ist eine bald unterbrochene
Unterbrechung der Geschichte.

Phlegma ist genug Dynamit
gegen explosive Dynamik.

Gegen den (elektrischen) Strom schwimmt
keine Zivilisation mehr.

Freiheit ist nur noch Entschluss,
unbelehrbar eigene Holzwege zu gehen.

Künstler reden von Geld, Geldleute von Kunst.

Abtreibung beendet keine Schwangerschaft,
sondern ein Menschenleben.

Kriege machen uns zur Masse wie *Loveparades*.

Naturtalente sind Naturprivilegien
gegen Sozialprivilegien.

Überbau und *Über-Ich* sind die Grundlagen
des *Unterbaus* der sozialen Unterschicht.

Künstlerisch Fixiertes löst in Reizfluten
und Redeflüssen bald sich auf.

Kleinere Vernunft der Schlauheit verschlingt
größeren Verstand der Weisheit.

Mit Federn, die man lässt, kann man
schreiben und fliegen zugleich.

Alles Riesige auf Erden muss teuflisch,
alles Geringe kann göttlich sein.

Die Gesellschaft beschützt und bedroht
den Einzelnen durch dieselben Maßnahmen.

Freier Wille ist die Mohrrübe
vorm störrischen Esel, der den Karren zieht.

Moderne Tragik wird immer komischer,
da die Folge eigener Dummheiten
wie ein blinder Schicksalsschlag wirkt.
.

Erziehung zur Freiheit befreit von Erziehern.

Fortschritt ersetzt Reifen durch ewige Jugend.

Man gibt Antworten durch Fragen
und stellt Fragen durch Antworten.

Nur ein Gottesknecht wird seiner Herren Herr.

Unterschicht besteht aus nomadischen
Vagabunden und Landfahrern, die nicht einmal
zu ausbeutbaren Untertanen zugelassen sind.

Was einer braucht, um als *Dichter und Denker*
sein Geld zu verdienen, entwertet sein Werk.

Zu hoch fliegende Pläne entfliehen
und entfliegen, nicht hoch genug fliegende
zerschellen an Schuldenbergen.

Hirnforscher sind so frei, ihre Willensfreiheit zu
leugnen, und so unfrei, sie behaupten zu müssen.

Deine Seele ist die Außenseite der Mutter Natur,
deren Innenleben deine Außenwelt ist.

Danksagung erspart keine Gegengeschenke.

Ein Buchrezensent kritisiert *konstruktiv*, indem er
destruktiv lobt und dafür gelobt sein will.

Heute (aner)kennt man nur noch komische
Heilige, seit nur noch Komiker uns heilig sind.

Halte ich alle für verrückt, halten sie mich
für verrückt. In Demokratien siegt die Mehrheit.

In Massen sind Menschen gegeneinander
verbunden und miteinander geschieden.

Die Würde einiger Menschen ist unantastbarer.

Probleme werden durch ihre Lösung verschärft.

Hinke dem Fortschritt voraus
und renne dem Ruhestand hinterher!

Der Vierte Stand steht als Gegenstand ohne
Verstand und Aufstand ständig auf dem Prüfstand
des Mittelstands, der mit Wohlstand und Beistand
ständig auf dem Prüfstand der Oberschicht steht,
die nur auf Abstand und Ruhestand ohne Anstand
und Notstand steht.

Wer sich in sich selbst versenkt,
hat sich in sich selbst ertränkt.

Wer meditiert, ist bald erleuchtet, doch
nicht aufgeklärt und noch kein großes Licht.
Wer meditiert, sucht den Frieden des Nichts,
denn Krieg ist der Vater des Alls.

Kopf in den Sand bringt die größte Transparenz

Leben heißt sich totstellen,
tot sein heißt den Lebendigen spielen.

Eine eigene Meinung hat mich.

Ist alle Ordnung verordnet und angeordnet?

Unterhaltsam kann nur sein,
wer und was nicht nur unterhalten will.

Ist es unlogisch, dass laut Gödel nicht alle
logischen Gesetze logisch beweisbar sind?

Beginnen heißt eine Sache zu Ende denken.

Angezogen wird man anziehender.

Altes Leid dämpft die Angst vor neuem Glück.

Auf Lebenstragödie soll Todeskomödie folgen?

Jedes Leben ist glücklich. Es hofft auf schöne
Erinnerungen und gedenkt schöner Hoffnungen.

Genussmenschen wie Voltaire finden die Natur
schlecht, Tugendbolde wie Rousseau reden
die Kultur schlecht.

Angesehene Laster und gefürchtete Tugenden
öffnen Türen.

Warum gibt es nicht Müßigsitz,
Müßiglage und Müßigstand?

Handeln ist der Verstand der Narren
und Nichtstun die Berufung des Geistes.

Wer nicht kann, was jeder kann,
kann noch nicht, was keiner kann.

Wer gar nichts tut, tut das meiste.

Man wandelt in der Welt, die sich wandelt.

Erledigt ist, wer alles oder nichts erledigt.

Kann man seine Hände auch
in Schuldbekenntnis waschen?

Popmusik : Amusische haben Krach mit Musen.

Weltklimaziel gegen die energiesparende
Erderhitzung : Neue Eiszeit und Kalter Krieg,
mehr coole Kids und frigide Frauen.

Ökonomie heißt Wirtschaft. Das war einst
eine Gastwirtschaft mit Herberge und oft ein Bordell.
Wer muss sich auf freiem Markt *nie* verkaufen?

Wer erbt den Verrat an seinem Erbe?

Der *Mehrwert* der Sklavenarbeit von
"Minderwertigen" wird weiter erschöpfend
abgeschöpft von wertschöpferisch Untätigen.

Künstler kommunizieren nicht gegeneinander,
sondern gegen Kommunikation miteinander.

Nordamerika war uns stets voraus, erst durch
indianische Nomaden, dann durch Revolution
von 1776, Vorbild für Napoleons Europavision,
und dann durch Technologien − doch nun?

Judas soll *Zelot* gewesen sein, der Jesus zum
Volksaufstand gegen Rom treiben wollte, doch
Christi Gottesreich war nicht von dieser Welt.

Intellekt experimentiert intelligent mit Gefühlen,
Theorie praktisch mit sich selbst.

Manches Buch ist keine Verrisse wert
und wird besser schweigend totgelobt.

Welche e, sich auch nur siebzig Jahre
langweilen zu dürfen, und welche Strafe,
sich auch sieben Jahre lang amüsieren zu müssen!

Teil eines Ganzen ist jeder nur
als Ganzes seiner Teile u. u.

Der *kleine Unterschied* hat heute
Unterschiedsrichter_Innen.

Vatermord besteht heute darin, das *Über-Ich*
abzuschaffen als *rigide* Repressalie, um wieder
allein(s) zu sein mit Mamas unbewusstem *Es*.

Originell werden heißt,
Größere lange genug nachzuahmen.

Internet : Menschenliebe am, aus und auf Draht.

Was du für wichtig hältst, behältst du auch.
Der Rest geht dir durch den Kopf – hindurch.

Ist die Hoffnung, dass die Welt einst verbessert
wird, begründeter als die Existenz Gottes?

Kinderquatsch ist die Sehnsucht
von allem Sinn und Verstand.

Aphorismus : Philosophische Post in poetischer
Flasche, ins Tintenmeer geworfen.

Satiren (z.B. auf die amtierende Kanzlerin)
sind allzu oft Selbstsatiren der Satiriker.

Genusssucht will das Hungern loswerden,
Askese will Appetit machen.

Liebe 2000. Dumm fickt Dämlich:
Minutenschreie zwischen Hass und Phlegma.

Schicksal ist gelegentlich auch Freiheit von ihm.
Schicklich leben heißt, das Schicksal geschickt
zu verfeinern und Unglück durch Katastrophen.

SPD-Wähler stimmen bestimmt für *soziale
Gerechtigkeit*, doch nur deren Spottlobpreis an.

Sind wir nun zopflos weil kopflos − o. u.?

Organisierte Kriminalität. Im Kampf gegen o. K.
geht Demokratie schnell k.o. Ist das o.k.?

Zum-Schweigen-Bringen ist oft am lautesten.

Logik macht niemanden konsequenter,
Ethik nicht besser, Physik nicht natürlicher,
Biologie nicht lebendiger, Theologie nicht frommer,
Ästhetik nicht schöner und kreativer.

Plattdeutsch : Fallen Berge in Täler,
entsteht Flachland.

Kapitalisten lesen nur Grund- und Scheck-
bücher, Arbeiter nur im Kaffeesatz.
Beide teilen es, kein Buch zu lesen.

Der Tod ist die Nachwelt − ohne mich!

Morgen wird es keinen Morgen mehr geben
ohne Betongold im Mund.

Theologen erforschen die Unerforschlichkeit
des Allerforschesten und sehen am sichersten
seine Unsichtbarkeit.

Als der Pastorensohn Nietzsche Atheist wurde,
verkündete er den "europäischen Nihilismus",
und die alten Waldheiden im Lande folgten
ihm begeistert − bis heute.

Lassen durchhomosexualisierte Gesellschaften
des Westens sich als "patriarchalisch" anfeinden,
um die wahren Patriarchate des Orients zu lästern?

Man liebt nur Liebesromane, stiehlt Krimis,
verfasst Schonverfasstes, liest Unlesbares
und schreibt Schriftsteller an.

Wittgenstein: Lyrik, Ethik, Musik, Mystik der Logik

Dasein : Mein Leben ist deinem Tod,
dein Tod meinem Überleben geweiht?

Habt eine Idee von Platon, denkt an Descartes und
seid Cartesius, harmoniert den besten aller mögli-
chen Leibnize, kritisiert Kant vernünftig, idealisiert
Hegel, verändert wenigstens Marx, ballt Goethes
Faust, wollt ewig Nietzsches Macht, hofft auf
Bloch, trommelt auf Grass, relativiert Einstein
und begehrt Freud!

Weltpolitik : Theologen verlassen das sinkende
Kirchenschiff und entern wieder Staatsschiffe
in „politischem Engagement".

Jeder hält sich für den einzigen Humanisten
und vertritt die Ansicht, nicht nur eigene Ansichten
zu vertreten.

Menschliches Herz : Flachkopf als Abgrund.

Giftige *Bonmots* möchte keiner gepredigt,
aber jeder geschrieben haben.

Fluss : Billigste Strom- und Wasserverschwendung.

Literaturwissenschaft light : Inter(net)pretation
von Twitter-Subtexten.

Leben : Täglich nachts probesterben.

Moderne Kunst : Schrecken der Schönheit
am *locus amoenus terribilis* unwissenschaftlicher
Abstraktionen.

Der Sinn für Balance ist oft nur Furcht
vor grenzerfahrenen Extremen.

Thackerays "Jahrmarkt der Eitelkeiten" endet nur
an einem Ort : auf dem wirklichen Jahrmarkt selber.

Weltschmerz wurde ersetzt durch Umweltschmerz.
Er entsteht, wenn ich die Unzulänglichkeit der Welt
mehr beklage als eigene. Analgetika gibt´s da nicht.

Scooter-Shooter, fahrt alle, die gehen,
über die Zehen, fahrt alle, die laufen,
über den Haufen beim Kaufen!

Sozialdemokraten fallen zu Recht, seit sie
eher sozialgerecht handeln als sozial gerecht.

Yoga : Spiritual-Jogurt.

Coole Kids wollen kiffende Kerle werden,
doch fette Greise fitte Youngster bleiben.

UV-Licht ist uns so unsichtbar wie das Licht
der Vernunft, macht uns aber ansehnlicher.

Großmut ist der Hochmut und kleine Mut
der großen Tiere, Kleinmut die Schwermut
und Demut der kleinen Leute.

Der biblische HErr prophezeite das Scheitern
all unserer Hochkulturen, die Seine Schöpfung
verbessern wollen, und favorisierte die
Nomaden : Indianer werden alle überleben.

Moral ermöglicht immerhin
höheres Leben hinter ihr und der Welt.

Liebst du den Schöpfer oder die Welt,
die du dir mit ihm gegen ihn erschaffst?

Ästhetischer Imperativ : Handle so,
dass der Grundsatz deines Geschmacks
jederzeit zugleich als Gesetz einer aristokratischen
Minderheit gelten könne.

Urteile werden leidenschaftslos erst
nach leidenschaftlichen Verurteilungen.

Lebenslauf : Gesetz im Gedankengang
von Gefühl zu Gefühl.

Wissenwollen ist Weisheit der Unwissensheit.

Der wissenschaftliche Kult der Tatsachen
ist die bewusste Kultur der Untaten.

Religion heißt weder Glauben noch Wissen.

Es gibt Feinde in derselben Welt
und Freunde in verschiedenen Welten.

Geschichte kommt und geht, Einzelne bleiben.
Materie kommt und geht, der Geist bleibt (weg)

Geschichte : Göttliche Produkte werden unser
und unsere Produkte dann Sein Arbeitsmaterial.

Nur durch Unbekanntes lernt man alles kennen.

Der Prophet kann heute vorhersagen,
was er übermorgen vorhersehen wird.

Bin ich so viel wert, wie ich wertvoll finde
und mich dessen wert mache?

Dichter und Denker passen mit Werken nicht
sich der Welt an, sondern ihre Unangepasstheit.

Vereint Logik, was in Mystik eins
und in Physik entzweit ist?

Ungenaue Erfassung des Exakten ist noch
keine präzise Erfassung des Ungenauen.

Philosophie sei der Ariadnefaden
hinein ins Labyrinth aller Labyrinthe.

Beurteile dich als schon gestorben,
da *Tragik des Lebens* die Niederlagen mildert.

Kenner müssen Könner werden
oder wenigstens das Erkannte tun.

Flieht in tote Sprachen,
um nicht in Alltagsgesprächen zu sterben!

Man versteht es, sich und einander
ohne Verstand zu verstehen, einverstanden?

Hat es böse Folgen, wird Gutes nicht schlecht:
Kann es Gutes bewirken, wird Böses nicht gut.

Lieber Sklave des HErrn als Herr der Welt
oder beides (nicht)?

Weltraum : Wie viel Finsternis
um so wenig Sternenlicht!

Realität sei mehr der Rohstoff einer Idee
als umgekehrt.

Man lebt von seinem Geist
und stirbt an seinem Charakter.

Helden werden geistreich unter Tyrannen,
Feiglinge schon unter Demokraten.

Wer täglich im All ist, lebt nicht alltäglich.

Nach jedem Ding greifen heißt nicht,
alle Begriffe davon zu erfassen.

Ideen werden zu Papier gebracht,
d.h. zum Leben.

Der Künstler lässt sich mit größter Anstrengung
gehen und gibt sich gelassen extreme Mühe.

Logische Konsequenz muss zu realer Kausalität
werden – oder umgekehrt.

Manche Definitionen erklären bekanntlich
Bekanntes durch Unbekannteres.

Es ist ganz richtig, dass ganz Kleines
wie ganz Großes nicht ganz richtig ist.

Der fromme Mensch dient allen, da er über
alles erhaben ist, das sich nicht erniedrigt.

Liebt mich, wie ich bin : einer, der sich hasst;
Hasst mich, wie ich bin : einer, der sich liebt.

Ich denke mich aus, *also bin ich* ein Gedanke.

Leide nicht, spiele Leidende leidenschaftlich!

Zum „Ich" erhebt man, für was man alles tut.

Der Herr dient uns, der Diener beherrscht uns.

Waffennarrenfrei? Dein Colt kommt Mördern
zuvor, staatliche Monopolwaffe meist zu spät.

Man soll Niederes auf Höheres zurückführen
und nicht Geist zu Geld fortentwickeln.

Geschichte ist der ewige Prozess,
den der Mensch sich selber macht,
ohne zu einem Urteil zu kommen.

Der Große wird von Kleineren
gerne „Gernegroß" genannt.

Die *Yellow Press* ist die Hochliteratur
der Bildungsfernen; die Popliteratur
ist die *Yellow Press* der Halbgebildeten.

Wir haben nichts zu verbergen als unsere
Undurchsichtigkeit, sagt das teure Glashaus.

Nur auf verlorenem Posten
findet man sich selber wieder.

Hätte der Fortschritt vor zwei Jahrhunderten
mit der Intercity-Lok geendet, wären uns PKW
und Interkontinentalrakete erspart geblieben.

Für jemanden, der den „Satz des Pythagoras"
nie aufgestellt hat, ist der obskure Mann seit 2400
Jahren erstaunlich weltbekannt geblieben.

Männer machen und schreiben Geschichte,
Frauen machen und erzählen Geschichten.

Dass menschlicher Wille frei ist, folgt logisch
konsequent und in vollem Determinismus
aus der Würde der gottgeschaffenen Seele.

Arbeiter wollen sich mal langweilen dürfen,
Kapitalisten sollen mal lange hungern dürfen.

Wer hat mit 80 Jahren mehr Erinnerungen
als mit 18?

Was für oder wider einen Aphorismus spricht,
kann zugleich wahr sein.

Moderne Freiheit: der ideale Kerker.
Ideale Freiheit: lebenslange Haft in der Gnade.

Man fürchtet lebenslang tausend Todesarten
und erlebt meist nur eine ganz kurz.

Optimisten und Pessimisten lassen die Welt,
wie sie ist, die einen, weil sie nicht besser sein könne,
die anderen, weil sie sich nicht bessern lasse.

Das *finsterste Mittelalter* war Heilmittel
gegen Zurückgebliebenheit der Antike und
gegen Atombomben von Morgen zugleich.

Forscher : Erfinder neuer Vorurteile über alte.

Aphorismen? Mein Gesichtskreis hat eben
nur unendlich viele Ecken und Kanten.

Man hält sein Leben immer länger für zu kurz.

Gibt es (Un-)Wahrheiten,
die nicht wahrnehmbar sind?

Lernen Bilder laufen, stagniert die Bildung.

Wie können schlechte Menschen
von guten Affen abstammen?

Unsichtbar ist nur Unverdecktes. Man hüllt sich
in Nacktheit und zeigt sich verschleiert.

Es irrt kein Mensch, solang er nicht strebt.

Familiengeist gibt es fast nur noch in Mafia-Clans.

Wer kann verstehen oder erklären,
warum Verständlichkeit unerklärlich
und Erklärbarkeit unverständlich bleibt?

In Demokratien gibt es keinen Stand mehr,
nur noch Wohlstand ohne Beistand und
Ruhestand ohne Verstand und Notstand.

Sie leben wie Hund und Katze:
Sie ist unabhängig, *er* ihr treu.

Mönche sehen uns in Gefängnissen.

Adam kam, als sein Schöpfer allein war,
und Eva kam, da Adam so allein war.
Abel kam, da Adam und Eva so allein waren.
Kain kam, um mit dem HErrn allein zu sein.

Faulheit ist der Fleiß, sich selbst zu fliehen.

Am schlimmsten sind Dummheiten der Gebildeten,
am schönsten die Lichtblicke der Toren.

Schlechte Arzneien sind nur dazu gut,
nicht wieder erwerbsfähig zu machen.

Planwirtschaft kann Weltmärkte so wenig mehr
steuern wie Menschenhand die Hightechventile.

Kongruenz ist vornehmes Übereinstimmen,
doch oft nur Überstimmen; Deckungsgleichheit
verdeckt meist Unentdecktes.

Elterngeld ist Lohnersatz. Warum dann nicht lieber
gleich zuhause bei den Kindern bleiben?

Duckmäuser haben den Mut
zur offenen Feigheit.

Mit Handschellen wird man abgeführt,
mit versteckten Kopfschellen angeführt.

Weltverbesserer sind unverbesserlicher
als Pessimisten.

Jeder Versschmied muss sich entscheiden:
Lyrik oder Limerick! Scherzgedichte sind
die Poesie des prosaischen Menschen.

Jeder ist ein Glücksritter, der gewinnen will,
auch ohne Gewinne einzustreichen.

In Wahlurnen werden die Stimmen eingeäschert.

Das größte Wunder liegt darin, dass es keine geben
muss. Kein Wunder, dass sie dauernd passieren!

Jammerlappen werden mit Antidepressiva behandelt, um wenigstens Angsthasen aus ihnen zu machen. Man kann sich Mut, doch nie mutig machen.

Aphrodite, meergeborene Göttin fruchtbarer
Schönheit, entstammte dem von der Mutter
abgeschnittenen Phallus ihres Vaters.

Freud hat das Es weitergebracht
als alle Psychologen vor und nach ihm.

Wenn wie in Bayern die Hauptschule Mittelschule
ist, wird die Mittelschule Oberschule, die Oberschule Hochschule und die Hochschule Sonderschule.

Philosophen schlagen sich
und einander Gedanken aus dem Kopf.

Jasager können auch Brautleute vorm Standesbeam-
ten sein, *Neinsager* auch Rassisten vorm Fremden.
Jeinsager vor allem gibt es am meisten.

Das Klo zieht den Helden so wenig herab,
wie das Lob den Feigling emporhebt.

Will mancher nur aufsteigen und hoch hinaus,
um sich in den freien Fall herabstürzen zu können?

Covid-19? Wer mich hasst, der hustet mir was,
und wer mich liebt, der flieht mich.

Kolonialvölkern bringt man Zivilisation,
indem man sie versklavt und ausplündert.

Utopie ist das Verzögern der Apokalypse
durch ihr Herbeireden.

Wir werden nicht gequält, weil wir Quälgeister sind,
sondern sind Quälgeister, weil von Stärkeren gequält.

Die Fähigkeiten, die einer braucht, um als *Dichter
und Denker* Geld zu verdienen, entwerten sein Werk.

Der Hirnforscher ist so frei, seine Willensfreiheit
zu leugnen, und so unfrei, sie behaupten zu müssen.

Deine Seele ist die Außenseite der Mutter Natur,
deren Innenleben deine Außenwelt ist.

Utilitarismus ist so nutzlos
wie Unnützes ein lebenswichtiger Luxus.

In Massen sind Menschen gegeneinander verbunden
und miteinander geschieden.

Wer geht gern zu Ärzten, die zu wenige
oder zu viele Patienten haben?

Manchmal ist es besser, nicht so gut zu sein.

Die Wahrheit muss wenigstens beweisen können,
dass es nicht paradox ist, paradox zu sein.

Kaufen Sie mein Buch, den Rest erledige ich.

Bin ich dir überlegen, wenn ich dich dazu
bringen kann, dich mir überlegen zu fühlen?

„Faschisten raus!“ können auch diese rufen.

Ist Erkenntnis die Anpassung eindeutiger Sprachen
an vieldeutige Sachen?

Seit Shakespeare ist aller Ernst des Lebens
eine blutige Pausenclownerie zwischen
Geburts- und Todestheater.

Wer den Jüngling einen Feigling schalt,
lobt später den bescheidenen Mann.

Begeisterte Materialisten verstopfen die Seele
und vergeistigen nur noch ihre Klamotten.

Nicht Autos, sondern Verkehrsstaus werden
nur umgeleitet auf Umgehungsstraßen.

Weibliche Magersucht sucht runder Weiblichkeit
zu entkommen, indem sie Armut karikiert.

Wer nicht immer weiterziehen kann als steinzeitlich
akephaler Wild- und Feldbeuter, muss gegen
vagabundierende Räuber immer in den Krieg ziehen
als ackernder Bauer mit mehr Proteinen, Geld,
Krankheiten und Kindern: *Neolithische Revolution*.

Eltern hier herzen und küssen ihre Wonneproppen
nicht, sie dressieren die lieber zu Mannedeppen.

Vom *Jitterbug* zum beschwingten Zitterlook : *Swing*
wurde zur Haupthexenschußquelle in geriatrischen
Swingerclubs.

Nichts langweiliger als Leute, die sich nur
oder nie langweilen, Mich unterhalten nur jene,
die ich unterhalten kann.

Autos rasen –
vor Wut auf Spaziergänger und Radfahrer.

Dröhnende Stille herrscht besonders
nach seelenruhigem Geschrei-Tumult.

Lustige Lust auf lästigen Verlust ist christlich
oder masochistisch.

Demokratie wurde in Washington nie
abgeschafft, in Moskau nie angeschafft
und von Siegern für Berlin nur beschafft.

Auf Lesen und Tod. Was Senioren ihr TV,
ist Junioren ihr Smartphone : Vorbild.

Menschen wollen Götter werden,
weil nur die hier noch leben können.

Ein maschineller Pseudo-Mensch muss kein
Unmensch sein. Wo ist Wahrheit mehr als ein
Pseudo-Pseudo (verschleierte Verschleierung)?
Man enthüllt nur, dass und wie etwas verhüllt ist
(ohne es deshalb schon zu entschleiern).

Der sozialstaatliche Spatz in der Hand
ist dem Ärmsten näher als die
sozialrevolutionäre Taube auf dem Dach.

Bewundere in deiner Lebenszeit das Geschenk,
das All lebenslang bewundern zu dürfen,
statt alles ändern zu müssen.

Jede menschliche Gemeinschaft ist eine GmbH
am Boden der Tatsachen.

Wer frei ist, hat die Last der Verantwortung,
von der er nicht frei ist.

Modernes Tagwerk ist Online-Bereitschaftsdienst
für Feiertagwerk samt Nachtwerk.

Nie mehr geht es um die Wurst für den,
der sie einmal im Schlachthof gefüllt sah.

Nur Gutes ist groß, nur Großes ist schlecht.

Selbstbindung entkommt dem Kerker
orientierungsloser Freiheit *von und zu* allem.

Ich rufe unseren Gott herbei, ich vergöttere nicht,
was ich herbeirufe.

Unsere Enkel werden uns rächen,
antworten die Eltern ihren rebellischen Kindern.

Nietzsches *Übermensch* ist durch Freuds *Über-Ich*
zu besiegen wie *Goliath* durch *David*.

Man muss sehr viel tun, damit sich gar nichts ändert,
doch nur gar nichts tun, damit alles sehr schnell
verändert wird.

Esoteriker glauben an Geister,
weil sie nicht an den Teufel glauben wollen.

Kinder attackieren ihre Eltern, um ihren Großeltern
zu gefallen und zu gleichen.

Revolution ist ein Aufstand nicht gegen Veraltetes,
sondern gegen das Allerneueste.

Einst hatte man nicht mehr Mittel, um Gutes zu tun,
heute hat man alle Mittel, um Schlechtes zu tun.

Menschen verurteilen gern die Moral,
weil die Moral den Menschen verurteilt.

Der Prophet weiß, es endet schlimm. Der Christ
weiß, es könnte böse enden, da es gut werden kann.

Religion ist Demokratie : Der König im Bettler
besiegt den Bettler im König.

Dummheit hat eine *Weltanschauung*,
Menschenverstand eine Philosophie.

Nietzsches *Übermensch* bewohnt die Unterwelt
der Unterschicht.

Fortschritt ist ewige Suche nach ewigem Ruheplatz,
der Ruhestand die Suche nach ewigem Fortgang.

Die Helden der Geschichte
sind vielleicht die Heiligen der Hölle.

Ich verstehe deine Worte, aber nicht dein Handeln,
das du damit schönredest.

Die Welt wurde materiell erschaffen,
aber die Hölle spirituell konstruiert.

Geist oder Sinn ist nicht teuflisch, doch Satan
ein Intellektueller, der Sinnlichkeit preist.

Der letzte Schrei war schon am vorletzten Sonntag
veraltet, doch Uraltes bleibt ewig jung und neu.

Asketische Heilige werden heute mehr verachtet
und weniger verstanden als pädophile Priester.

Fängt der Polizist im Dieb den Dieb im Polizisten?

Der Irre zieht seine eigene Wahrheit der Erfahrung
von Milliarden Menschen vor, doch diese irren viel
seltener gegen ein einziges Genie.

Dass alle doktrinären Behauptungen falsch sind,
ist doktrinär falsch, denn *eine* könnte ja wahr sein.

Alles ist Christen verboten, nur nicht Freiheit,
Gleichheit, Brüderlichkeit, Gerechtigkeit,
Vernunft und Lebensfreude.

Dass es eine objektive Wahrheit gibt,
ist viel wahrscheinlicher, als dass niemand
sie finden kann oder ich sie gefunden habe.

Eine Ganovin muss nicht Frau eines Ganoven
sein, sondern kann ganz allein emanzipierte
Verbrechen verüben.

Öko will grüne schützen vor menschlicher Natur,
die erst *analog* ausgebeutet wurde und nun *digital*
ausgebeutet wird. Das ist die Umwelt-Agenda.

Meine Herausforderer können nichts.
Hätten sie sonst mich herausgefordert?

Man tut sich gern wichtig mit dem Spruch,
man solle sich selbst nicht so wichtig nehmen.

Apotheose verherrlicht sich selbst als Aufstieg
von vergötterten Helden zu angehimmelten Stars

Ich bin immer guter Dinge
und gönne niemandem mein Elend.

Die *Zielgruppen* von Schützen sind ihre Opfer.

Zielgruppen des Autors sind seine Leser,
seine Zielscheiben sind alle anderen.

Die Weltprobleme der sind so unlösbar, wie sie
es immer waren. Ein winziges Virus löst nun,
was keine Politik geschafft hätte.

Die Welt, so wie sie ist, ist das Werk
von zu aktiven Menschen.

Der Kosmos stammt aus dem Chaos, das Chaos
vom Chaoten und dieser aus der Kosmetik.

„Ich könnte Stammbäume ausreißen!",
rief der Bastard.

Ein aphoristischer Satz ist kein
zu scharf redigierter Aufsatz.

Wer einem jungen Einstein keine einträgliche
Physikprofessur gibt, muss mit einem relativen
Umsturz der ganzen Physik absolut rechnen.

Gehörst du zur Zielgruppe deiner Zielgruppen?

O. K. ist nicht okay. Eine Demokratie wird mit
organisierter Kriminalität umso besser fertig,
je mehr sie sich ihr selber annähert.

Das Jenseits ist nicht weit hinter den Wolken,
in Sekundenschnelle ist es da.

Eine Ewigkeit lang gab es gar nichts, und mit
einem Mal war das All da. Und umgekehrt.

Sartres *Freiheit* : Vom Dieb zum Dichter *Genet,*
vom Idioten zum Genie *Flaubert,* vom Großbürger
zum solipsistischen Totalitaristen *Sartre.*

Wer weiß weiter von seinem Standpunkt aus?

Wer gar nichts weiß, weiß noch nichts Unendliches.

Hat der Hagestolz all seine Nachfahren umgebracht?

Das politische Vakuum ist zuweilen ein Plenum.

Lebt viel unbeschwerter,
wer weniger wichtig nimmt?

Wer keine Sorgen hat, macht sich Gedanken,
doch wer nicht denkt, der sorgt sich nicht.

Hängt der Unabhängige am Galgenstrick
oder seidenen Faden?

Wie sterben die Toten,
wo Geborene nie leben?

Im Ahnenkult von *Göbekli Tepe* verehrten
Ackerbauern ihre nomadischen Vorfahren,
da der Rückweg ins Paradies verbaut war.

Du durchschaust dich selber nicht ganz,
weil du nicht ganz die Menschen durchschaust,
die in deiner Seele verinnerlicht sind.

Du bist unverbesserlich.
Doch das könnte sich verschlimmern.

Apokatastasis. – Ändere deine transzendental
erschaffene Welt, nie die transzendent gegebene.

Die Menschen müssen nicht lebenslänglich Gottes
Schöpfung verbessern, sondern deren versuchte
Überbietung durch eigene Schöpfungen.

Das Walten der Natur und des Schicksals
wird heute natürlich geschickt verwaltet.

Ziehen dich Sachbücher an, weil Grundbücher
dich abstoßen, oder fliehst du die Geschäftswelt,
weil du die Bücherwelt liebst?

Geschichtsschreibung heißt auch,
das Ungeschehene ungeschehen zu machen.

Wer heutige Avantgarde schon als künftigen Kitsch
sehen kann, gilt leicht als Avangardist.

Beherrsche ich schon den, der mich nur
mit meinen eigenen Waffen schlagen kann?

Christentum ist keine Autoimmunkrankheit:
Christen können mein und dein gut unterscheiden.

Zur ganzen *Corona* in Coronazeiten:
Wer dich liebt, der furchtet dich.

Dieselpest wird bekämpft,
um den PKW selber retten zu können.

Lass dich lieber von Autoren gefangen nehmen
als von Feinden und Chefs.

Der Forscher ist stolz darauf, dass die Realität
gar nicht so aussieht, wie er sie erklärt,
und doch gegen ihn Unrecht hat.

Ist Intelligenz die Fähigkeit, sich mehr zu
langweilen bei eigenen als bei fremden Reden?

Jeder ist der Wasserträger seiner Gruppe,
die nicht sein Wasserträger ist.

Ein Menschenkind kann nicht größer werden,
ohne älter zu werden.

Wann wird die Weite zum Kerker
und das Wohnzimmer zur Welt?

Kunst ist etwas zu viel Reklame für sich selbst.
Will Spiritualität nicht mehr Geist und Esoterik
nicht mehr Wahrheit sein, wird sie Kunst.

Üben Deutsche Yoga, sind sie gespannt auf
Entspannung und versenken sich − wie Schiffe.

Der *Mona Lisa* wird das mokante Grinsen
nicht so vergehen wie ihren Verehrern.

Change Management ist die Technik, alles
zu lassen, wie es ist, als habe man es verbessert.

Lebe danach, dass du totgeschwiegen wirst!

Der Aphoristiker gibt systematisch Übersicht
über alles, was der Systematiker übersieht.

Ich habe keine Zeit, Geld zu verdienen,
und kein Geld, meine Zeit zu verschwenden.

Du sollst, was du nicht musst,
und musst, was du nicht sollst.

In diesem Punkt ähnelt der Ewige
der Außenwelt : Man denkt, sich nicht nur
etwas ausgedacht und eingebildet zu haben.

Dialektische Logik : $(3 * 0) = (0 * 0)$
Beide Seiten der Gleichung durch 0 dividiert
ergibt : $3 = 0$ (q. e. d.)

Was muss ich wegtun, um zu bleiben?

Weißt du erst in Himmel oder Hölle,
dass du nur einmal lebst?

Die Reichen bleiben tot wie im Leben,
starb Jesus nur für die Armen.

Immun wird nur, wer andere
zu immunisieren hilft.

Mit jedem Touristen reisen Mikroben, und
Fremdgehen wird endlich lebensgefährlich.

Globalisierung : Draußen ist nicht mehr
der Feind, sondern nur noch der Weltraum.

Du klaust nichts Gutes, sondern schenkst Böses.

Beherrscht uns der Ewige durch unseren
Glauben, selber herrschen zu können?

Anregen bringt Segen von unten − unaufgeregt.

Gehört der Kultur mein Leib, der Natur mein Geist
und dem Ewigen leibhaftig meine Seele?

Wer zu viel macht, kann noch zu wenig tun.

Schöpf aus der Schöpfung, erschöpf dich nicht
im Schaffen!

Zahlen spiegeln den Raum und Qualen die Zeit.

Wir waren als Wachs in verwachsenen Händen
unserem Wachstum noch niemals gewachsen.

Der Einzelne *übersieht* das große Ganze
und das große Ganze seine Einzelheiten.

Weiter als die hohen Tiere steigen,
kann keiner mehr sinken.

Wirkliches wirkt notwendig und benötigt jeder.
Mögliches mag keiner?

Was ich nicht im Bauch hab, hab ich im Kopf.

Die Alte Welt exportierte ihre Menschenrechte,
die Dritte Welt ihre Mafia-Clans.

Ein Freispruch ist Begnadigung, kein Justizirrtum.

Krank oder nur gekränkt? Meine Ziele
sind nur Wege – zu Wüstenwanderwegen.

Der Schlüssel zum Königsschloss
liegt im Schloss.

Der Mensch auf Wandersfüßen ist das
einzige Perpetuum automobile ohne KI.

1968. Marx gegen Moral, Freud gegen Kapital
wechselten sie schneller als Wohnungen:
Intellekt mischt Instinkte.

Gerechtigkeit : Alle Vermögen haben sich nun
bald verdoppelt – auch die der Habenichtse.

Berlin = Athen + Jerusalem
oder Schilda + Babel?

Mann und Frau 2020 : Gegensätze ziehen sich an
und aus und – neutralisieren sich zu Null
wie Plus und Minus, mit Riesenknall,
wenn die Alchemie stimmt. Erfolg : Goldige
Kinder und Elefanten im Porzellanladen.

Rückzug auf oder aus Gruppen?
Schützt Herdentiere vor Individualität
und Egoisten vor Gemeinwohl!

Der beste Lockvogel
ist die eigene Vogelscheuche.

Respektabel wirkt, wer darauf pfeifen kann.

Ein Weg sagt : Weg da und nichts wie weg!

Intellektuelle erleiden stets neue Schnapsideen.

Bist du so, wie du deinen Gegner zeichnest,
oder ist der so, wie du dich siehst?

Auch die Kehrseite der Verdienstmedaille
hat eine Kehrseite : den verkehrten Verdienst.

Ende : Der große Urknall, den jeder hat.

Man kann (muss) nicht alles, was man darf,
und darf (will) nicht alles, was man kann (soll).

O Stern im Du-Stern : Leichenauferstehung
zum aufrechten Gang des Sklavenaufstands?
Christentum entwickelte sich von Totenbelebung
zu Ostereiersuche von Osterhasen.

Geht es gut, wenn man nicht gut zu Fuß ist?

Wurde Amor(al) unser Gott,
weil Gott die Liebe ist?

Glaubst du sündigen zu dürfen,
da Gott entweder gnädig oder inexistent ist?

Verbunden sind Menschen durch Glauben
und Hängen an etwas, das nie existiert.

Bosheit macht noch keine Moral, Verbrechen
kein Recht, doch Amor amoralisch.

Du glaubst, dass es keinen Gott gibt.
Aber glaubt Er das auch?

Dein Leben hat den Sinn, dass es keinen hat,
oder dass er so gut wie leblos ist.

Es gibt Wahrheit und Wirklichkeit, Sinn und
Selbstbewusstsein, doch sie sind oft unbewusst.

Muss ein Christ, der ewig leben will,
sich nur bekreuzigen oder kreuzigen lassen?

Darfst du *post mortem* nachleben,
was du vorm Tod nicht weglebst?

Junge treiben Logik, um erwachsen zu werden,
der Alte treibt Lyrik, um jünger zu wirken.

Eher gibt es ein katholisches Südamerika und
russisch-orthodoxes Eurasien als noch einmal
ein Heiliges Römisches Reich Europa.

Wann wird das Verlachen des eigenen
Gelächters zum Ernst des Lebens?

Rechtfertigen arme Teufel und Toren des Volkes
schon Engel und Eierköpfe der Eliten?

Auch rechtzeitiges Verlernen will gelernt sein
wie Versagen.

Begriff : Rennrichtung einer Schafsherde.

Eine unvollziehbare Tat ist Maßstab aller
begehbaren Untaten und Untätigkeiten.

Ist ein armer Teufel, wer Bösen böse ist?

Jeder Name für etwas ist eine Theorie darüber.

Der Aphoristiker schiebt sein Scheitern und
Überholtsein hinaus, indem er neue schreibt.

Was gegen einen Aphorismus spricht, ist nur
ein besserer, nicht Wahrheit und Wirklichkeit.

Man kann leichter Geld verdienen,
ohne dabei nachzudenken, als philosophieren,
ohne damit Geld zu verdienen.

Humanität gibt's nur noch um den Preis von Not,
die nur technokratisch behebbar sind.

Keine konkrete Aktion ohne Abstr*aktionen*!

Wunder lassen an Gott zuweilen mehr (ver)zweifeln
als Naturgesetze.

Feige Kapitulation wäre beliebter, bedeutete
sie nicht Enteignung und Sklavenarbeit.

„Sujets" : durch Untersuchung unterworfene
Themen zweifelhafter Subjekte.

Gibt es Absolutes nur unter der Bedingung,
alle Bedingungen unbedingt zu erfüllen?

Unvorsichtigkeit bestraft sich oft unnachsichtig.

Selbstverwirklichung beraubt sich
aller Möglichkeiten.

Wer die Wahl hat, wählt schnell wahllos.

Hat das Leben eher sechs Sinne
als nur einen Sinn? Opfere dein Leben
lebenslang oder lebenslänglich dessen Sinn!

Kultur ist nicht un- oder übernatürlich
und Natur keine Subkultur.

Freiheitskämpfer? Platzangst sucht das Weite.

Kinderlose und Großeltern : *Transparents*.

Der Zurückhaltende wirkt unterhaltensgestört.

Ganzheitliches lebt noch in der Halbwelt.

Entseelte und Seelenlose suchen Animateure,
Entleibte und Körperlose Korporationen.

Tierschützer sind selten pflanzenlieb,
Pflanzenschützer selten tierlieb
und beide oft nicht menschenfreundlich.

Homo sapiens Adam war primär nicht
der Primus unter den Primaten oder Primitiven.

Äußere Freiheiten schaffen oft innere Leere.

Alte Idee in alter Form : Sprichwort.
Neue Idee in alter Form : Philosophie. Neue
oder alte Idee in neuer Form : Aphorismus.

Du sollst deinen Vater und deine Mutter ehren,
auf dass es dir wohl ergehe und du lange lebest
auf Erden, *sagte Gottvater*. Du sollst Vater
und Mutter verlassen, um mir zu folgen,
sagte sein einziger Sohn : Erwachsen werden
durch Nachahmung des ewigen Sohns?

Der Leblose wirkt oft eher verlebt
als verstorben.

Man vermisst sich,
Gott wie die Welt zu vermessen.

Das Laster ist eine erfolgreiche Tugend,
und erfolglose Fehler machen nicht besser.

Selbstbeherrschung gilt heute
als Form der Anästhesie.

Die Geistreichsten glauben nur noch
an Materie(llstes).

Jedes Sandkorn in der Wüste wirkt unterm
Mikroskop selbst wieder wie eine Wüste,
ein Sandkorn in einer größeren Verwüstung.

Hirnforschung : Das riesengroße Ego
schmachtet in kleinen grauen Zellen.

Selbstkritik stinkt mir mehr
als dir mein Eigenlob.

Lebenskunst macht Lust auf das, was man hat.

Zuweilen ist Langeweile so kurzweilig,
wie ewige Kurzweil langweilt.

Werden Mann und Frau Ein Fleisch,
endet ihre Beziehung.

Allgemeinwohl : Alles Wohl der Gemeinheit!

Lebensweg des Kopfes: Vom andächtigen
Gedächtnis über(s) verdächtige Bedenken
zur gedankenlosen Bedächtigkeit …

Am häufigsten erinnert man sich an Momente,
wo man sein Bewusstsein verlor.

Man stirbt daran, nichts zu lieben, wie an dem,
was man am meisten liebt.

Mein Hirn denkt, also bin nicht ich.

Allgemeinheit : Alles ist eins und gemein.
Inbegriff von Tod : Alles ist eins und nichts.

Deine Krankheit merkst du eher als andere,
dein Alter merken andere eher als du.

Die Alten sind so wertvoll wie ihr
Bankvermögen, nicht ihr Denkvermögen.

Produktionsbetriebe : Massenarbeitstierhaltung.

Alle Dinge der Welt ähneln sich und einander,
sofern sie vom selben Gott sind. Ihre Ähnlichkeiten
zeigt nur der Menschenwitz.

In der Hand der Denker wird kein Bleistift mehr
zum Sinnstift.

Autoren ohne Geld verehren es,
Autoren ohne Geist verleumden ihn.

Manche grübeln versaut und vögeln gelehrt.

Autofahrer nehmen täglich Mord und Totschlag
billigend in Kauf.

Der Ruhestand des Alters ist nach dem Lebens-
(leer)lauf ein Fortschritt.

Ärzte halten uns Magen- und Darmspiegel vor.

Die Welt ließ sich nur theologisch und
mathematisch erfassen – das gleiche Wunder?

Die Hölle ist die Verlustangst im Paradies.

Lebewesen : kurz eingefleischte Totengerippe.

Subjektivität ist die objektivste Tatsache an uns
und Sachlichkeit die persönlichste.

Begriffe sind Angreifer, die ihre (über)griffigen
Objekte als handgreifliche Angreifer erfassen.

Viel Schönes ist Schlimmes
auf höchstem Niveau.

Deine lieben Toten kommen nicht wieder zu dir,
doch endlich zu sich und zur Ur-Sache.

Der alte Heide dachte an nichts,
der junge Heidegger ans Nichts.

Wir wissen mehr vom Leben als vom Tod,
Forscher mehr von Unbelebtem als von sich.

Aus dem Paradies wird man nicht gleich in die
Hölle vertrieben, wo die Erde als Himmel winkt.

Sei lieb, dann wirst du geliebt
oder wenigstens beliebt!

Die nüchterne Welt treibt zum Trinken,
doch (Be)Trunkene wirken ernüchternd.

Meine tote Geliebte kommt nie wieder,
doch ihr verhasster Tod immer wieder.

Wer führt ein Leben, das nicht zu nichts führt?

Nur Erbärmlichste werden nicht erbarmungslos.

Der Teufel betet am lautesten und ist dir nie böse

Ein fester Begriff schlägt alles zu Fliegen
mit seiner großen Klappe.

Man lässt Frauen den Vortritt. Sie wollen und sollen
endlich ganz vorn sein − an der Kriegsfront.
First Ladies or ladies first for fire!

Wo Friede herrscht, da herrscht Totenstille,
als hätte man seine Feinde alle erschlagen.

Kunst : gesellschaftsfähige Asozialität.

Frauen als Firmenfürsten : First Lady first
and working women last.

Von Dummen gewählt, doch nicht zu doof,
sie zu reg(ul)ieren?

Der Mensch ist gut. Im Unrechttun(lassen).
Schuf der Mensch weltschaffende Götter
nach seinem Bilde, ist er Gottes Ebenbild.

Aus der Arbeiterklasse kommt mal ein Individuum,
aus diversifizierten Bürgern nur die Masse.

Die *Postmoderne* ahmt Atombomben nach,
sie verdampft die Welt.

Goethe glaubte, er dürfe im Jenseits weitermachen,
wenn er über den Tod hinausplane.

Wären wir besser, würde alles besser mit besserer
Technik. Wird die Technik besser, haben wir
bösartigen Tiere bessere Mittel, bösartig zu sein.

Der Aphorismus gibt Klügeren selten nach.

Erfüllen und enthüllen auch und gerade
alle freien Lebensentscheidungen am Ende
nur dein anfänglich verborgenes Schicksal?

Man würde wohl gern häufiger in sich gehen,
aber dort ist ja nichts, und was soll man dort,
um alles in der Welt?

Die zu (geist)reich waren, US-Präsident Trump
zu wählen, schufen jene Armen, die ihn wählten.

Der Zweite ist oft der Zweitbeste,
der Erste aber der Erstbeste.

Ist der arme Teufel ein ganzer Kerl,
muss der liebe Gott keine gnädige Frau sein.

Krach wird meist zu schön gefunden,
wenn er nur mit Pop-Musik verbunden.

Die mit zu vielen und die mit zu wenigen
Wünschen verwünschen einander.

Adorno. Es gibt viel falsches Leben im richtigen.

„Macht euch die Erde untertan":
Tut sie euch unter die Wanderschuhe!

Kafka sah in jeder schlichten Geradlinigkeit
den unentrinnbaren Teufelskreis.

Auf die eigene Tarnkappe
nimmt man seine Narrenkappe.

Wie viele Bücher muss man lesen,
um zu wissen, welche man besser nicht liest?

Jeder hat das Recht auf Zurückgebliebensein,
aber kaum Recht auf dessen Gleichwertigkeit.

Nur Hochkultur ist Kultur, Popkultur ist Handwerk,
Kunstgewerbe oder Ideologie.

Ob Trauer oder Freuden, Tränen in den Augen
sind die besseren Brillen.

Man entlarvt sich im anderen
mehr als den anderen in sich.

Erledigt wirkt lediglich, wer alles oder nichts
erledigt hat.

Macht sich die Hände auch schmutzig,
wer sie in den Schoß legt?

Die Wahrheit befreit — nur von anderer.

Esprit 2000:
Spiritualität als Spiritismus aus Spirituosen.

Der Ewige spielt sein einsames Solo
und lädt uns ein zum konzertanten Mitspielen,
zu himmlischer Sphärenmusik mit Engelschören.
Die „Superstrings" schwingen subatomar mit.
Und jede „Stimme" zählt …

Vollschlankes Übergewicht setzt sich
gegen „Hungerhaken" gern in Adipositur.

Demut ist die Maßlosigkeit der Bescheidenen.

Wer nimmt mit „Brot!"
schon Brot in den Mund?

Die längste Leitung hat der Leser
des kürzesten Spruchs.

Seid so vernünftig, verrückt zu spielen,
und so irre, Vernunft anzunehmen!

Wer nicht genug poppen kann,
muss lieber shoppen gehen.

Viele treffen existenzielle Entscheidungen
für ein möglichst nichtexistierendes Dasein.

Kein Mensch denkt, kein Gott lenkt ein.

Jetzt geht´s rund im ewigen Kreislauf der Welt.

Wahrer Christ gewinnt das Verlieren lieb!

Zu viele finden, dass sie zu wenig finden
und zu viel (ab)gesucht werden.

Selbstkritik stinkt nach Eigenlob und -liebe.

Aufrechter Kirchgang aus dem Paradies
war aller Fernlaster Anfang.

Ein Man, ein Schlagwort:
Lieber nichts als gar nichts!

Für Todfeinde baut man sich keine Luftkerker.

Die Erstbesten werden das Allerletzte sein.

Bei Licht der Vernunft besehen ist es längst aus.

Man lässt sich eher die Sprache als die Ursache
durch den Kopf gehen.

Die Schlange im Paradies vertrieb uns
lange die Langeweile.

Bauern sind keine Kartoffelhelden mehr.

Man kann nicht mal *einem* Selbstbeherrschten
dienen.

Wer sein eigener Herr ist, bedient sich selbst.

Tausend Bilder ersetzen heute *ein* Fremdwort.

Gott ist der Kopf überm Dach überm Kopf.

Wer dran glauben muss, wird nie armselig.

Geistige Arbeit macht Spaß, den keiner versteht,
oder keinen Spaß, den jeder versteht.

Kindesalter schützt nicht vorm Himmelstor,
das nicht vorm ewigen Alten schützt.

Es bleibt selbst Sprücheklopfern unbekannt,
dass ich ein unbekannter Aphoristiker bin.

Man muss gegen seine Zeit vorgehend
mit ihr (ver)gehen.

Der großen weiten Welt entgeht man
nur durch Reisen.

Seeleute sind fest auf Schiffen verankert.

Das Ausnehmen anderer bestätigt die Spielregel

Wo ein Dienstweg ist, da ist auch ein Widerwille,
wo ein guter Wille ist, auch ein Bremsweg.
Wo ein unfreier Wille ist, da ist auch
ein Hirnforscher auf seinem Irrweg.

Am beständigsten sind Fortschritte,
am beweglichsten die Standpunkte.

„Mein ist die Sache, Mache und Lache,
dein ist die SpRache", sprach ich.

Sire, nehmen sie sich gedankenfreie Freiheit!

Dass Schiffe sinken,
sieht man an Leseratten zuletzt.

Sprache, die sich immer kürzer fasst,
wird wieder Widersprüche voller Urteilchen.

Leute, geht unter − die Leute!

Gehirnwäscher haben Waschbretter vorm Kopf.

Ganz Gott, ganz Mensch : Er machte sich
aus dem Staub, aus dem Er uns machte?

In tausend gesunden Körpern steckt
nur *ein* gesundes Volksempfinden.

Was Hänschen nie lernt, lehrt Hans oder Gretel.

Der Klügere gibt nach − anderen nach.

Metamorphosen sind vornehmere Suizide
mit eingebauter Wiederauferstehung.

Ein Einsamer kommt selten allein.

Junge vernichten, Alte versteinern alles.

Satan ist stets böse, doch nie dir.

Dank seines freien Willens ist man(cher) unfrei
und von seiner Freiheit zu sehr gefesselt.

Welche Geisteskrankheiten können Schicksals-
schläge und Krebs verhüten?

WiderStand gegen den Weltlauf ist zu wenig
aufrechter Gedankengang und Lebenslauf.

Beweist schon Standvermögen,
wer nicht mehr weiter kann und weiß?

Utopisch : vorhersagenumwoben.

Wann entartete christlicher Sklavenaufstand
zu Herrenmoral und Herrenmode zu Jeanskluft?

Kunst wurde erfolgreich wegsubventioniert.

Heidnische Naturreligion : Hirtenreligion –
„Altes Testament" : Bauernreligion –
„Neues Testament" : Stadtreligion?

Immer dieselben Aufstände, aber
immer originellere Traditionen!

Gesellschaft ertrage ich nur noch
allein im stillen Kämmerlein.

Wer sich dabei noch etwas vorstellen kann, kann
noch gar nichts verstanden und begriffen haben.

Sintflut und Verwüstung helfen gegeneinander.

Wer hat den Ellbogen als Triumphbogen raus?

Technik denkt immer positiv(istisch).

Hält die Uniform eher den Inhalt
oder der Inhalt die Uniform aus?

Hat Gott auch das Weltbild seiner Ebenbilder
und schützt er die Natur vor deren Naturell?

Blühende Landschaften gibt es vor und nach
blühenden Volks- und Landwirtschaften.

Geschichte wird ins Unreine geschrieben,
in die Hosen gemacht und in Köpfe diktiert.

Jeder ist nun zu einem Gewissen berechtigt
und zu einem eigenen Willen verpflichtet.

Aphorismen sind nicht weise, sondern gerissen –
aus dem gesellschaftlichen Zusammenhang.

Kinder denken über die Welt nach,
Große über Bücher darüber.

Scheinlebendige fürchten Scheintod noch mehr.

Essen Kannibalen nicht nur Kannibalen?

Sterben : Zurück zur totgerittenen Natur!

Auf Verstandesämtern scheiden sich die Geister

Es ist fünf vor zwölf. Gehen wir schlafen
oder tafeln?

Naturwissenschaft lässt Mutter Natur
gewissenlos in Vermesser laufen.

Verlassen die Leseratten das sinkende Schiff,
fährt es weiter.

Aphorismen sind kleine Sprüche,
die sich selten groß herumsprechen.

Denken und Handeln halten
Leib und Seele auseinander.

Wandelt euren Weg und nicht die Welt (um)!

Bibel : Gesetz, Geschichte, Gedicht, Gericht –
Sollte jeder Text so sein?

Jeder zählt zur Welt, und ist sie mehr
als ihr Abstand von und zu uns?

1918 standen Proletarier auf, um die Herren ihres
Schicksals zu werden. *1968* standen Herrensöhn-
chen auf, um die Proletarier ihrer Väter zu spielen.

Wahrheit sagt etwas über die Sache,
Irrtum oder Lüge über den Sprecher.

Zeitung : Nachrichten über Vorurteile.

Vordergründiges : Hintergründe der Hintergründe?

Platte Eitelkeit ist der häufigste Grund,
tiefe Abgründe in sich zu sehen.

„Infam!" schreit der Bescheißer,
wenn er sich beschissen fühlt.

Alte freuen sich, lange zu leben,
und langweilen sich zu Tode.

Denken : Mal etwas mehr und anderes
zu sagen haben als nur die eigene Meinung.

Ihr Traummann und seine Traumfrau
träumen kaum voneinander.

Der Nachzügler treibt die Herde vor sich her.

Nur wer das Nachtigallenlied nicht mehr hört,
gehorcht auch keinem Sirenengesang.

Was wollt ihr, ein edles Stück mit ekler Tendenz
oder ein schlechtes Schauspiel mit guter Tendenz?

Hoch den Elfenbeinturm, aus dem alle türmen!

Kapieren kann man nur durch Eskapieren.

Alt werden um den Preis beschleunigten Verfalls,
um ihm geistigen Höhenflug abzugewinnen?

Durch Gedichte und Aphorismen spricht nicht Gesellschaft, sondern ein Individuum in ihr gegen sie.

Schon aus Eigenliebe ist sie zu bekämpfen.

In meinen Werken lebe ich, statt mich zu deuten.

Sein oder Idee, Natur oder Geist,
was ist der bloße Schatten des anderen?

Vergebliche Suche nach Wissen
gibt Weisheit oder Witz.

Beleuchte ich, was an der Sache dunkel ist, sehe ich
sie falsch, statt genau zu sehen, was diffus an ihr ist.

Dieses Buch wäre ein Urteil nicht eines Autors über
die Welt, sondern der Welt nur über diesen Autor.

Im Nichts verschwindet mehr als daraus auftaucht.

Man will oft lieber der Teufel als der Dumme sein.

In Affekthandlungen werden Affekte gehandelt,
in Buchhandlungen handelt vieles von Affekten.

Wer zum Anfassen ist, ist zum Angreifen
statt zum Erfassen und Begreifen.

Sein Werk wäre das Urteil des Autors über alles,
aber auch des Alls über diesen Autor.

Hengste machen einander nicht zu Wallachen.

„Bauen, Wohnen, Denken" *(M. Heidegger)*.
Oder nur Mieten, Hausen, Wunschdenken?

Wann werde ich gnomisch alles gesagt haben, was
nur auf meine Weise von der Welt zu sagen war?

Aerosole sind die Aeroplane der neuen Weltviren.
Aerosolisten sind harmlos, doch ihre *Schwarm-
intelligenz* ist ein Sturzflieger auf unsere Lungen,
und vielleicht sind Aeroplane nur Aerosole
für Riesenviren gegen Titanen?

Kuli als Strohhalm. Ich bin aufgeschlossen für alles
Verschlossene, Aus- und Abgeschlossene.

Werte haben keinen Nobelpreis
und Literaturpreise keinen Seltenheitswert.

Der Verzweifelte gab sich erst eine Mozartkugel
und dann die Erdkugel.

Der Eifer meines Lebens zielte auf ein System der
Weltsicht wie auch auf eine Welt von Sentenzen,
die dieses System zugleich stützen und stürzen.

Hat sich die Investition des Himmels
in die Irdischen amor-teasiert?

Die geheimsten Wappentiere
sind Angsthase und Ameise, Esel und Eule.

Illuminationen leuchten und beleuchten,
ohne zu erleuchten. Wer strahlt mich an?

Wichtiger als die Schublade, in der du steckst,
ist der beschränkte Besitzer des Schrankes oder
anderen Möbels, in dem die Schublade steckt.

Je größer das Vaterland in Europa wird,
desto kleiner wird Europa in der Welt.

Kleinkram und das große Ganze schützen (sich)
voreinander, doch Gewissheit schützt vor Lernen.

Gut tust du Schlechtes und Gutes nur schlecht.

Denken führt zu undankbaren Gedanken,
die nicht mehr zu denken geben.

Herdentiere sind für Natur, Individuen für Kultur.

Ich will auch nicht in die Schublade derer gesteckt
werden, die in keine Schublade gehören.

Nun stecke ich in der Schublade derer,
die über *Schubladendenken* nachdenken
und andere in Schubladen stecken.
.

Geschichte ist alles,
was so (die Zensur unbeanstandet) passiert.

Nur Geschichtsfälscher machen sie.

Weil die Hölle nicht auf einmal zu verarbeiten ist,
gibt es Geschichte : den Teufel auf Raten.

Wir lesen die Speisekarten der Kannibalen
als Geschichtsbücher, und sie würden unsere
Geschichtsbücher als Diät-Kochbücher lesen.

Hegel heute : Geschichte ist Fortschritt
im Bewusstloswerden der Unfreiheit.

Geschichte und Gesellschaft wurden das
Schicksal, vor dem sie bewahren wollten.

Zeit ist eine Geschichte der Diktaturen
und eine Diktatur der Geschichte.

Kunst und Geschichte : Sieg mordlustiger Helden
über gesetzestreue Spießer.

Man denkt sich immer mehr Geschichten aus
und kennt sich nimmer mehr in der Geschichte aus.

Den meisten Staub der Weltgeschichte
wirbelten verstaubte Werke auf.

Was man in der Geschichte vergessen will,
muss man nur aufschreiben.

Geschichte : Von Kundschaftern des Handelns
zur Kundschaft des Handels.

Fast jede Lebensgeschichte ist die Evolution
vom Menschenkind zum Hominiden.

Die Tragödie der Geschichte und Gesellschaft
ist die Komödie der Gedanken – und umgekehrt.

Von Weltall, Evolution und Weltgeschichte ist
bisher nicht viel mehr als die Kritiken bekannt.

Ewiges gibt es, weil die Weltgeschichte
nur von außen zu bewegen ist.

Klio, die Muse der Geschichtsschreiber, würde nie
auf das kommen, was Menschen so planen — u. u.

Geschichte ist Sieg über ihre geschickten Macher
und Schreiber.

Man unterschreibt dauernd,
dass man nie Geschichte schreibt.

In Literatur finde ich nie meine eigene Geschichte
wieder. Da kann ich gleich Ethnologie treiben.

Wo Geschichte nicht mehr zählt,
erzählt man sich Geschichten.

In *der* Geschichte geht viel mehr ein
als in *die* Geschichte.

Wer Literaturgeschichte *schreibt,*
der bleibt ungelesen

Schreiben Historiker die Krankengeschichte, Unfall-
chronik oder Verbrecherstatistik der Menschheit?

Natur : immer dieselben Gesetze immer neuer
Dinge. *Geschichte* : immer neue Kombinationen
immer derselben Dinge.

Der Adel, das einzige historische Experiment einer
leisure class, animiert wenig, seinen Zeitvertreib
maschinell zu demokratisieren.

Subjekte der Geschichte enden als Objekte
der Historiker, doch wann schreiben ihre Objekte
die Geschichte endlich selbst?

Dass die Weltgeschichte eher Hochkulturen mit
Arbeitssklaven als jeden Sklaven mit friedlicher
Muße versorgt, scheint keinen Historiker wert.

Wissenschaftsgeschichte besteht aus überholten
Forschern, Literaturgeschichte aus nicht mehr
gelesenen Autoren und Philosophiegeschichte
aus noch unverstandenen Werken.

Vor der Geschichte rettet nicht, Zukunft gegen die
Vergangenheit zu verteidigen, doch die vorver-
gangene Ewigkeit im ewigen Vergehen zu sehen.

Das stille Gemüt des Gelehrten hilft
gegen schrilles Gemetzel der Geschichte,
gegen die Langeweile stabilen Komforts aber
kein rastloser Fortschritt.

Das geistige Interesse kann wählen zwischen
dem zeitlosen Gemetzel der Geschichte und
dem ziellosen Gestöber des Weltraums.

Geschichte ließe sich besser schreiben als Abfolge
dessen, was besser ungeschehen und ungetan
geblieben wäre.

Das einzige Sittengesetz lautet nicht, dass es gar
keines gibt, doch die goldene Regel der Geschichte
lautet, dass es davon zu viele gibt.

Historiker schreiben mehr Geschichte als Politiker,
und Clausewitz erklärt seinem Leser den Krieg.

Die Religion des Ewigen wird zerstört
durch ihre lebendige Geschichte.

Arkadien ähnelt soweit einer Utopie
wie eine Landkarte einem Geschichtsbuch.

Die Weltgeschichte ist seit Esaus Zeiten
das Weltlinsengericht.

Geschichtslose Zeiten haben vielleicht
noch eine große Zukunft.

Geschichte ist immer noch, was uns hindert,
zeitlos Unveränderliches zu sehen.

Der einzige rote Faden, der sich durch
die Weltgeschichte zieht, ist die Blutspur.

Lebensläufe folgen Lebensplänen,
wenn in windstiller Geschichte wenig geschieht.

Geschichte ist keine Folge der Geschehnisse,
sondern Genealogie von Dämonen.

Der Motor der Geschichte ist die Naturwissenschaft, deren Motor die Geschichtslosigkeit ist.

Verstehen kann Geschichte nur, wer sie hasst,
verachtet oder belächelt.

Die Naturgeschichte hat mit der Weltgeschichte
ungefähr so viel zu tun wie ein Naturtalent
mit der Physik.

Die Jahrtausendgebilde der Weltgeschichte,
Pharaonenreich und Kirche, haben eins gemein:
sie lebten von Unsterblichkeit und starben daran.

Man macht Geschichte, die man schreibt:
Große Taten sind gute Werke, die man besser tut,
indem man sie schreibt.

Utopisch wäre schon die Erkenntnis, dass die ganze
Weltgeschichte als ewiger Kampf um Materielles
menschenunwürdig albern war.

Dass die Natur ein Teil der Geschichte ist,
ist ein Teil der Natur, lehrt die Geschichte.

Vom Ewigen hat man nicht mehr gelernt
als aus der Geschichte.

Wo Gott gar keine Rolle mehr spielt, ist er sicher
der Autor der ganzen Geschichte.

Schätzungen weltweit : Mindestens 50 Mio. Aborte
pro Jahr. BRD : etwa 100.000 pro Jahr.

Abtreibung ist für den Himmel Massenmord,
dem die Mittelstandsgesellschaft ein feministisches
Alibi als Emanzipation verschafft.

Soll ich dich lieben, gib mir mehr Oxytocin.

In Wahrheit liegt Weinen in neuen Schläuchen.

Hasst du Witz, den du nicht hast?

Sekundärliteratur zum Aphorismus

Gerhard Neumann (Hg.): „Der Aphorismus.
Zur Geschichte, zu den Formen und Möglichkeiten
einer literarischen Gattung", Darmstadt 1976

„Ideenparadiese. Untersuchungen zur Aphoristik
von Lichtenberg, Novalis, Friedrich Schlegel und
Goethe", München 1976

Peter Krupka: „Der polnische Aphorismus",
München 1976

Hans Peter Balmer; „Philosophie der menschlichen
Dinge. Die europäische Moralistik", Bern 1981

Harald Fricke: „Aphorismus", Stuttgart 1984

Gisela Febel: „Aphoristik in Deutschland und
Frankreich", Frankfurt/Main 1985

Klaus von Welser: "Die Sprache des Aphorismus",
Frankfurt/M. 1986

Heinz Krüger: „Über den Aphorismus
als philosophische Form", Frankfurt/M. 1988

Werner Helmich: „Der moderne französische
Aphorismus", Tübingen 1991

Stefan Fedler: „Der Aphorismus. Begriffsspiel zwischen Philosophie und Poesie", Stuttgart 1992

Paul Geyer / Roland Hagenbüchle: „Das Paradox", Tübingen 1992, Würzburg 2002²

Thomas Stölzel: „Rohe und polierte Gedanken. Studien zur Wirkungsweise aphoristischer Texte", Freiburg 1998

Lada Lubimova: „Struktur und Funktion des Aphorismus : eine textlinguistische Studie", Bremen 1998

Robert Zimmer: „Die europäischen Moralisten", Hamburg 1999

Michael Esders: „Begriffs-Gesten. Philosophie als Kurze Prosa von Friedrich Schlegel bis Adorno", Frankfurt/Main 2000

Rüdiger Zymner: „Aphorismus", In: Kleine literarische Formen in Einzeldarstellungen, Stuttgart 2002

Friedemann Spicker: „Kurze Geschichte des deutschen Aphorismus", Tübingen 2007

„Die Welt ist voller Sprüche. Große Aphoristiker im Porträt", Bochum 2010

Rolf Friedrich Schuett : „Aphorismus – Philosophischer Gehalt in literarischer Gestalt", 2019